Made in the USA
Las Vegas, NV
07 February 2022

43340833R00069